SCORPIO

Heike Mayer

Achtsamkeit

Gelassen leben
in einer hektischen
Welt

SCORPIO

Liebe Leserin, lieber Leser,
die Texte dieses Bandes entstammen Kapitel 1 aus dem Buch von Karin Furtmeier und Heike Mayer *NOW! Gelassen leben im Hier und Jetzt: Achtsamkeit, Yoga, Vertrauen ins Leben* (Scorpio Verlag).

In der  sind bisher erschienen

Achtsamkeit, Heike Mayer

Vertrauen ins Leben, Heike Mayer/Karin Furtmeier

Yoga im Alltag, Karin Furtmeier

FSC
www.fsc.org
MIX
Papier aus verantwortungsvollen Quellen
FSC® C084279

© 2016, 2018 Scorpio Verlag GmbH & Co. KG, München
Umschlaggestaltung und Umschlagmotiv:
Hauptmann & Kompanie Werbeagentur, Zürich
Bild- und Quellennachweis: S. 127
Layout und Satz: Friederike Niemeyer, Hamburg
Herstellung: Robert Gigler, München
Druck und Bindung: Print Consult, München
ISBN 978-3-95803-149-4
www.scorpio-verlag.de

INHALT

ACHTSAMKEIT

ist die Fähigkeit, ganz im gegenwärtigen
Moment präsent zu sein und
ihn unvoreingenommen zu erleben.
Wenn diese Fähigkeit wächst,
entsteht daraus eine
veränderte innere Haltung
und eine neue
LEBENSEINSTELLUNG.

WILLKOMMEN
MITTEN IM LEBEN

Wie viele Menschen kennst du, die gestresst oder mit ihrem Alltag unzufrieden sind? Genau. Zu viele. Dabei ist es möglich, leichter durchs Leben zu gehen – selbst dann, wenn die äußeren Umstände nicht immer ideal sind.

Dieses Buch möchte dich mitnehmen auf eine Reise hin zu mehr Leichtigkeit und Gelassenheit. Es lädt dich ein, mit deiner Aufmerksamkeit ganz ins Hier und Jetzt zu kommen und mehr aus der eigenen Mitte heraus zu leben.

Du findest viele praktische Ideen für Entschleu-
nigung, einen entspannteren Umgang mit
Stresssituationen und den Ausstieg aus dem
Gedankenkarussell.

ERFAHREN, NICHT DENKEN

Als Achtsamkeitstrainerin freue ich mich, in
diesem Buch etwas von dem weiterzugeben, was
mir in meinem eigenen Leben unendlich wertvoll ist. Jedoch liegt eine gewisse Schwierigkeit
darin, etwas *mit Worten* zu beschreiben, wenn
das Entscheidende *deine eigene Erfahrung* ist.
Über Achtsamkeit zu lesen kann den eigenen
Horizont erweitern. Doch wenn es lediglich
beim Lesen bleibt, wird sich wenig ändern.
Schließlich hat auch noch nie jemand Tanzen
beim Lesen eines Tanz-Anleitungsbuches
gelernt. Selbst wenn du dir die tollsten Videos
mit den besten Tänzern der Welt anschaust,
lernst du Tanzen damit nicht. Wenn du tanzen
möchtest, musst du es tun.

Daher findest du in diesem Buch viele Übungen, Anregungen und Ideen, wie man das Geschriebene im Alltag umsetzen kann.

Bitte verstehe meine Vorschläge dabei nur als Impulse. Letztendlich wirst du für dich selbst herausfinden, was für dich der richtige Weg ist und was dir ganz persönlich hilft, leichter durchs Leben zu gehen.

Vielleicht kann dieses Buch dein Wegbegleiter werden, wie ein guter Freund, den man ab und zu um einen Rat fragt. Eines ist mir wichtig: Wenn dich diese Zeilen ansprechen, dann ist es an der Zeit zu beginnen. Jetzt. NOW!

AUF NEUE ART MIT DEM LEBEN IN KONTAKT

Immer mehr Menschen kommen heutzutage an einen Punkt, wo sie sich fragen, ob ihr Leben eigentlich so weitergehen soll. Nicht nur in Bezug auf äußere Umstände, sondern auch, was ihr Lebensgefühl angeht.

» Ich funktioniere nur noch.

» Manchmal habe ich das Gefühl, das Leben rauscht einfach an mir vorbei.

» Ich spüre mich selbst gar nicht mehr richtig.

» Es kommt mir vor, als sitzt mir ständig etwas im Nacken und treibt mich an.

» Ich komme ganz selten innerlich zur Ruhe.

» Meine Lebensfreude und Energie sind irgendwie verloren gegangen.

Solche oder ähnliche Sätze höre ich oft von Menschen, die sich für Achtsamkeit interessieren. Ich gebe Meditationskurse, Fortbildungen in Achtsamkeit und Trainings in Stressbewältigung durch Achtsamkeit, bekannt auch unter der Abkürzung MBSR (Mindfulness-Based Stress Reduction). Achtsamkeit ist in den letzten Jahren zum Schlagwort geworden, was Lebensqualität und Stressabbau angeht. Dabei ist sie keine neue Erfindung. Achtsamkeit und Wege, um sie zu üben, sind schon mehrere tausend Jahre alt. Und es ist höchste Zeit, dass sich Achtsamkeit hierzulande mehr und mehr ausbreitet. Wir können sie als Gesellschaft, als Weltgemeinschaft wirklich gut gebrauchen.

ACHTSAMKEIT ist keine schnelle Technik zur Glücksoptimierung, kein Rezept, wie man in sieben einfachen Schritten garantiert nie mehr Stress erlebt und dafür maximales Wohlbefinden. Achtsamkeit ist ein innerer Shift: eine veränderte Perspektive, ein anderes In-Kontakt-Sein mit dir selbst und der Welt. Für diese Veränderung braucht es Zeit, Geduld und die Bereitschaft, sich auf etwas Neues einzulassen. Ich wünsche dir viel Freude beim Entdecken, Erforschen und Experimentieren mit einem neuen Lebensgefühl.

PRÄSENT FÜR DEN JETZIGEN MOMENT

Man könnte statt Achtsamkeit auch Präsenz, Gegenwärtigkeit oder offenes, unvoreingenommenes Gewahrsein sagen. Eher zu lauschen als zu hören, eher zu schauen als zu sehen, eher zu spüren als zu denken.

Die Basis von Achtsamkeit ist die Fähigkeit, die Aufmerksamkeit bewusst auf den gegenwärtigen Moment zu lenken und diesen Moment mit Offenheit, Neugier und Freundlichkeit direkt und unverstellt zu erleben. Unsere ganze Lebendigkeit öffnet sich ins Hier und Jetzt. Die Energie, die im Achtsamsein liegt, hat etwas zu tun mit einer unmittelbaren Erfahrung, die nicht sofort überlagert wird von unseren Gedanken, Überlegungen, Bewertungen und automatischen Reaktionen. Wenn du mit Achtsamkeit etwas wahrnimmst, sagst du nicht gleich: »Das mag ich, davon will ich mehr haben.« Oder: »Das gefällt mir nicht, bleib mir bloß weg damit.« Du bewertest nicht mehr so viel und begegnest dem, was gerade geschieht, eher mit einem: Ah, aha … Und dann entsteht eine Pause, in der die Wahrnehmung erst einmal Raum in dir einnehmen kann.

Mit der Energie von Achtsamkeit kannst du auf eine Weise mit dem Leben in Kontakt sein, die unendlich viel bunter, wirklicher und direkter ist, als sich dein Verstand das je vorstellen könnte. Diese neue Perspektive ist auf der einen Seite einfacher, nüchterner und schlichter als zuvor (weil du es siehst, wie es *ist*, nicht mehr und nicht weniger). Zur gleichen Zeit ist deine

Wahrnehmung entspannter, akzeptierender und reicher (weil du keine Erwartungshaltung mehr hast und daher über das, was ist, unvoreingenommen staunen kannst). Achtsamkeit ist weniger etwas, das du tust, als eine Lebenshaltung.

» Du bist mit der Fülle der gegenwärtigen Situation in Verbindung – du merkst, wo du bist, was du spürst, fühlst, denkst, tust.

» Dadurch kannst du das, was das Leben an großen Wundern ebenso wie an schönen Kleinigkeiten bereithält, intensiver genießen. Häufig entwickeln sich daraus Staunen, Dankbarkeit und eine neue Wertschätzung für das Leben.

» Auch das, was vielleicht schwierig oder unangenehm an einer Situation ist, wird deutlicher. So kannst du klarer entscheiden, wie du damit umgehen möchtest.

» Du bist dir bewusst, was geschieht, und funktionierst nicht in automatisierten, unbewussten Reaktionsmustern. Dadurch geschehen weniger Flüchtigkeitsfehler oder Dinge, die du hinterher bedauerst.

» Dein Erleben der Situation wird nicht von (möglicherweise verzerrten) Bewertungen und Einschätzungen gesteuert, die aus der Vergangenheit kommen, und ebenso wenig aus Erwartungen und Vorstellungen über die Zukunft. Du hast mehr Freiraum, um gute Entscheidungen zu treffen.

» Deine Bewusstheit verändert dein Erleben hin zu einem Zustand von mehr Ruhe, Offenheit, Klarheit und Flexibilität, aus dem heraus es leichter fällt, bewusst und situationsangemessen zu reagieren.

» Achtsamkeit ermöglicht dir ein direktes Erleben, das dich mit der Tiefe des Daseins verbindet.

DIE PRAXIS
DER ACHTSAMKEIT

Etwas über Achtsamkeit zu lesen ist prima,
Aber damit sich wirklich etwas ändert und du die
Erfahrung von Achtsamkeit machst, reicht das
nicht aus.

Wie schon in der Einleitung gesagt, ist Achtsamkeit etwas, was es zu *erleben* gilt. Der
Verstand sagt beim Lesen rasch: »Ach ja,
interessant.« Und schon hat er es als erledigt
abgehakt.

Vielleicht hast du dich auch bereits ausführlicher mit dem einen oder anderen Aspekt von Achtsamkeit beschäftigt und während deine Augen den Zeilen folgen, sagt dein Kopf: »Weiß ich schon.« Das Geschriebene dringt nicht richtig durch und bleibt eine rein intellektuelle Information.

Es ist jedoch ein riesiger Unterschied, ob du etwas verstandesmäßig aufnimmst oder ob du eine leibhaftige, persönliche, direkte Erfahrung machst. Ähnlich, als würdest du in einem Sessel sitzend einen Zeitschriftenartikel über einen Tango-Abend lesen oder aber diesen Abend selbst miterleben: die Musik hören, die Schritte ausführen, den Körper deines Tanzpartners spüren, merken, wie dir von der Bewegung und vielleicht auch der Begegnung heiß wird ... Ein Unterschied wie Tag und Nacht, nicht wahr? Daher geht es bei Achtsamkeit ums Erleben: Man spricht von der *Praxis der Achtsamkeit*. Achtsamkeitspraxis heißt, sich darin zu üben, einem Aspekt des Moments die volle Aufmerksamkeit zu schenken. Es wirklich zu tun. Dafür gibt es verschiedene Möglichkeiten und unterschiedliche Übungsformen, z.B.

» eine Alltagstätigkeit ganz bewusst und aufmerksam auszuführen, die du sonst automatisch nebenher erledigen würdest,

» Sinneswahrnehmungen wie das Hören von Geräuschen oder das Betrachten einer Kerzenflamme bewusst zu erleben,

» das Essen einer Mahlzeit, den Kontakt mit deinem Gegenüber oder einen Spaziergang mit allen Sinnen wahrzunehmen,

» sich der eigenen Gedanken und Gefühle bewusst zu werden, ohne sich in ihnen zu verlieren, aber auch ohne sie zu verdrängen oder wegzuschieben,

» die Achtsamkeit auf den Atem zu richten

» oder die Aufmerksamkeit ganz auf körperliche Empfindungen zu lenken.

Zu diesem letztgenannten Aspekt möchte ich dich nun gerne einladen. Lies dafür bitte die folgende Anleitung und probiere es aus.

··· ÜBUNG ···

BEMERKEN, WAS DU GERADE ERLEBST

Die Aufmerksamkeit auf den Körper richten

- Nimm einen sanften, tiefen Atemzug. Folge aufmerksam dem Atem, wie er in die Brust fließt und sich weiter bis in den Bauchraum ausbreitet. Nimm noch einen Atemzug.

- Richte deine Aufmerksamkeit, so entspannt und offen, wie es dir möglich ist, auf deine zehn Finger und lass dir nach jeder Frage etwas Zeit, um die Wahrnehmung, bewusst zu spüren. Denke nicht die Antwort, sondern erlebe sie. Bewerte nicht, was du dabei wahrnimmst.

Es gibt nichts Bestimmtes, was du dabei erleben sollst. Alles, was auftaucht, ist okay. (Du kannst auch Fragen weglassen, wenn dir danach ist.)

» Wo sind deine Finger gerade?

» In welcher Position befinden sie sich?

» Haben sie miteinander Kontakt?

» Liegen sie auf deinen Oberschenkeln, auf der Stuhllehne, berühren sie das Buch oder etwas anderes?

» Spüre den Bereich, wo deine Finger in Kontakt sind mit etwas – sei es Kontakt miteinander oder mit etwas anderem. Was spürst du?

» Gibt es da Temperaturempfindungen? Ist das, was die Haut der Finger berührt, wärmer, kühler oder gleich temperiert wie die Finger?

- Erinnere dich daran, dass es nicht darum geht, etwas Bestimmtes zu fühlen. Sei einfach in Kontakt damit, wie du es gerade erlebst.

» Ist das, was du berührst, weich oder hart?

» Glatt oder rau?

» Nachgiebig oder fest?

» Spürst du es klein- oder großflächig?

» Sind die Finger entspannt oder hibbelig? Welche andere Qualität nimmst du vielleicht wahr?

» Haben alle Finger dieselbe Art von Kontakt oder berühren die einen anderes als die anderen?

» Gibt es eine Wahrnehmung in Bezug auf deine Finger, die besonders deutlich spürbar ist? Gibt es Bereiche, die du weniger deutlich spürst als andere?

» Nimm jetzt wahr, dass es Bereiche gibt, die Kontakt haben mit der Luft. Wie fühlt sich das an?

• Nimm zum Abschluss noch einmal einen sanften, tiefen Atemzug. Wenn du die Übung gleich beendest, schau, dass du etwas von dieser offenen Präsenz beibehältst, während du weiterliest oder einer anderen Tätigkeit nachgehst.

WENIGER
DENKEN UND ANALYSIEREN,

MEHR
SPÜREN UND ERLEBEN.

Viele Menschen fühlen sich wie abgeschnitten
von ihrem eigenen Leben. Ein Grund kann
darin liegen, dass wir, ohne es zu wollen und
meist ohne es zu merken, immer mehr auf
Distanz gehen zu unserem sinnlichen Erleben
und stattdessen alles durch unseren Verstand
filtern.

Die kleine Achtsamkeitsübung auf den vorange-
gangenen Seiten kann dir helfen, präsent zu
werden für das, was du in einem bestimmten
Teil deines Körpers gerade wahrnimmst – in diesem Fall in deinen Fingern. Mit demselben Maß
an Aufmerksamkeit könntest du z.B. deine Füße
oder dein Gesicht spüren oder dir bewusst
machen, was du im Moment gerade siehst, hörst
oder schmeckst. Du könntest der Atmosphäre
des Ortes, an dem du dich befindest, deine
Aufmerksamkeit schenken – oder auch dem,
was du gerade denkst oder fühlst.

Wenn du die Übung ausprobiert hast, konntest
du möglicherweise bemerken, dass du nichts *tun*
musst, um diese Wahrnehmungen zu haben. Du

musst sie nicht *hervorbringen* oder *machen* oder *darüber nachdenken*. Sobald deine Aufmerksamkeit sich ihnen zuwendet, zeigen sie sich.

Nimm auch wahr, dass du in der Zeit, in der du deine Aufmerksamkeit absichtlich und auf eine nicht-wertende, entspannte und interessierte Weise auf diese körperlichen Wahrnehmungen gerichtet hast, nicht (oder deutlich weniger als sonst) von unangenehmen Gedanken oder Gefühlen vereinnahmt wurdest – während du gleichzeitig wach und präsent für etwas warst, was real in der Gegenwart geschah.

Merke, dass du wach und bewusst sein kannst, ohne gleichzeitig zu denken. Denken ist keine Voraussetzung für Präsenz, im Gegenteil, es verhindert häufig, dass du wirklich anwesend bist.

Du bist mehr als deine Gedanken,
mehr als dein Verstand.
(Auch wenn der Verstand
das nicht gerne hört.)

IDEEN
FÜR DEN ALLTAG

Achtsamkeit hängt nicht davon ab, WAS du tust, sondern WIE du etwas tust – es kommt auf die Art deiner Anwesenheit an, auf deine Bewusstheit. Darum ist sie so alltagstauglich.

Achtsamkeit an sich ist etwas ganz Schlichtes: bewusst zu erleben, was gerade geschieht. Schwieriger ist es, sich in der Hektik des Alltags daran zu *erinnern*. Unsere Konditionierungen, automatischen Verhaltensweisen und eingeübten Gewohnheiten sind ziemlich hartnäckig, und das Tempo der Welt um uns herum reißt uns mit. Hier ein paar Ideen, die im Auf und Ab des Tages helfen können:

ACHTSAMKEITSTUPFEN

Mach dir zwischendurch immer wieder bewusst, was du gerade tust. *Ah, jetzt schneide ich gerade Karotten. Ich laufe die Rolltreppe runter. Ich fahre mit 160 km/h auf der Autobahn. Ich verschicke eine E-Mail. Ich spreche mit meiner Tochter.*
Weiter braucht es gar nichts. Es ist wie ein kurzes Auftauchen aus den Automatismen, ein Dir-bewusst-Machen, was eben im Moment geschieht, ein Dir-bewusst-Machen, dass du gerade jetzt bewusst *bist*. Eine Kursteilnehmerin hat das einmal so beschrieben:

»Ich mache während des Tages immer wieder kleine Momentaufnahmen von dem, was ich gerade erlebe, so wie ein Maler mit dem Pinsel kleine Tupfen auf die Leinwand setzt. Dadurch rauscht mein Leben nicht so an mir vorbei.«

Ist es etwas Schönes, was du erlebst, kannst du das deutlicher spüren und dich daran freuen. Ist es etwas Unangenehmes, entsteht durch das Bewusstwerden häufig schon von selbst etwas mehr innerer Raum. Und bei den vielen, vielen Momenten während des Tages, die du vielleicht sonst als banal, nebensächlich oder langweilig empfinden würdest, kannst du merken: *Auch jetzt bin ich lebendig.* Und dich fragen: *Mit welcher Einstellung will ich durch das Leben gehen? Mit welcher Haltung will ich meinem Alltag begegnen?*

DEINE FÜSSE SPÜREN

Wir sind häufig mit unserer Aufmerksamkeit im Grübelkarussell. Indem du bewusst deine Füße spürst, bringst du die Aufmerksamkeit weg von den kreiselnden Gedanken. Du kannst in einer Besprechung deinen Kollegen zuhören und dich zugleich erden, indem du deine Füße auf dem Boden spürst. Das gibt dir Stabilität, im wahrsten Sinne des Wortes Bodenhaftung. Du stehst mit beiden Füßen im Leben.

AHA?!

Eines der kleinsten, schönsten und für mich wichtigsten Worte im Kontext von Achtsamkeit ist »Aha?!«. Begegne dem, was du erlebst, was geschieht, was du denkst, wie du reagierst, mit einem freundlichen *Aha?! – So ist das also. Das denke ich gerade. Das passiert gerade.* Durch ein solches kleines Staunen, Bemerken, Innehalten kann Raum zwischen Reiz und automatischer Reaktion entstehen. Kürzlich las ich im Buch einer befreundeten Achtsamkeitstrainerin die schöne Eselsbrücke AHA = anhalten, hinschauen, akzeptieren.

ALLEINE DUSCHEN

Eine seltsame Aufforderung! Duschen nicht die meisten von uns immer alleine? Aber wie viele von uns sind beim Duschen schon mit der Arbeit beschäftigt, mit den To-do-Listen, mit dem Chef, Kollegen, Kunden … Statt in Gedanken bereits bei dem zu sein, was dich vielleicht später erwartet, sei lieber mit der ganzen

Aufmerksamkeit bei dem wunderbaren Geschenk, dass angenehm temperiertes Wasser deinen Körper umspült. Genieße das seidige Gefühl des schäumenden Duschgels auf der Haut, freu dich am Duft und erlebe den sinnlichen Genuss.

SCHÖNHEIT ENTDECKEN

Du bist auf dem Weg zum Einkaufen, zur Arbeit oder holst den Kleinen vom Kindergarten ab? Entdecke unterwegs drei schöne, interessante oder überraschende Details. Die leuchtend roten Gummistiefel des kleinen Mädchens vor dir, die sich in der Pfütze spiegeln. Das vorwitzige Gänseblümchen, das sich zwischen den Ritzen am Gehsteigrand unbeirrt in Richtung Sonne streckt. Den Wetterhahn am Hausdach, nur dann zu sehen, wenn du die Aufmerksamkeit von deinen Gedanken und den Blick von deinen Füßen weglenkst und nach oben schaust. Mach dich auf die Suche nach den kleinen Schönheiten und du wirst feststellen, dass sie immer zu finden sind, sobald du den Blick dafür öffnest.

NEUE WEGE GEHEN

Schlag den Automatismen ein Schnippchen. Nimmst du immer den kürzesten Weg von A nach B? Vielleicht ist gelegentlich Zeit, einen kleinen Umweg zu machen: auf dem Weg zur Arbeit eine andere Straße mit dem Fahrrad entlangzufahren und dabei etwas Neues zu entdecken. Die Landstraße zu nehmen statt der Autobahn und dabei mehr landschaftliche Schönheit zu sehen. Dein Viertel bewusst wahrzunehmen und dabei an Häusern vorbei-zukommen, die du vorher noch nie angeschaut hast.

DIE ARBEIT BEWUSST BEENDEN

Viele von uns beeilen sich, um nach einem anstrengenden Arbeitstag möglichst schnell nach Hause zu kommen. Wie wäre es, wenn du mit dem Entspannen schon anfängst, wenn du den Computer herunterfährst oder die Tür öffnest, um von deiner Arbeitsstätte den Heimweg anzutreten? Atme tief durch. Sei dir bewusst, dass du die Arbeit jetzt hinter dir lässt. Wenn du das Auto nimmst, fahre vielleicht langsamer als gewöhnlich. Was nützen dir die paar Minuten, die du früher zu Hause bist, wenn der Heimweg auch Stress bedeutet? Falls du ein paar Schritte gehst oder Fahrrad fährst, genieße es, dass du dich bewegen kannst. Frage dich selbst, wie du dir den Heimweg so angenehm wie möglich machen kannst.

Das Entspannen darf jetzt schon anfangen. Auch wenn die äußeren Umstände vielleicht nicht ideal sind – entscheidend ist, dass du dir die innere Erlaubnis gibst, aus dem Stress-Modus auszusteigen.

» ICH WACHE AUF UND LÄCHLE.

VIERUNDZWANZIG NEUE STUNDEN

LIEGEN VOR MIR.

ICH WILL JEDEN AUGENBLICK DES TAGES

VOLLKOMMEN BEWUSST LEBEN

UND ALLEN MENSCHEN MIT LIEBE UND

MITGEFÜHL BEGEGNEN. «

Thich Nhat Hanh

WAS MINDFULNESS BEDEUTET

An der heutigen Verbreitung von Achtsamkeit im Westen sind viele Menschen beteiligt. Von zweien möchte ich ein wenig erzählen.

Thich Nhat Hanh war mein erster Lehrer und ihm verdanke ich es, dass mir eine Tür aufging zu einer neuen Art und Weise, die Welt zu erleben. Thich Nhat Hanh ist ein buddhistischer Mönch und Zen-Meister, der aufgrund seiner Friedensbemühungen während des Vietnam-Krieges in Frankreich ins Exil gehen musste.

Dort gründete er das Meditationszentrum Plum Village. Sein Anliegen war und ist, die buddhistischen Lehren so zu vermitteln, dass sie möglichst vielen Menschen unabhängig von ihrer religiösen Orientierung nützlich sein können, um Leid und Stress zu lindern. Als zentral auf diesem Weg sah er die Praxis von *sati* (siehe Seite 41), und so suchte er nach modernen Begriffen dafür. Im Französischen wählte er *pleine conscience*, das heißt so viel wie »volle Aufmerksamkeit«, und im Englischen *mindfulness*, was man früher mit Gewahrsein, heute mit Achtsamkeit übersetzt. In Plum Village lernte auch ich Achtsamkeitspraxis kennen und die Kunst, im Hier und Jetzt zu leben. Inspiriert u.a. von Thich Nhat Hanhs Lehren wurde auch Jon Kabat-Zinn, ein amerikanischer Molekularbiologe, der aufgrund seiner eigenen Meditationserfahrung nach Wegen suchte, Achtsamkeitspraxis für Menschen zu öffnen, die weniger an weltanschaulichen oder spirituellen Fragen interessiert waren als an

einer konkreten Unterstützung für ihren Alltag.
So entwickelte er 1979 ein Acht-Wochen-Trai-
ning, das er Mindfulness-Based Stress Reduction nannte (abgekürzt MBSR oder auf Deutsch
»Stressbewältigung durch Achtsamkeit«).
Seither haben Tausende von Menschen diesen
Kurs besucht, der weltweit unterrichtet wird.
Angeregt durch die Verbreitung von MBSR und
anderen achtsamkeitsbasierten Ansätzen konnte
die wissenschaftliche Forschung nachweisen,
dass regelmäßige Achtsamkeitspraxis eindeutig
positive Auswirkungen auf die körperliche,
seelische und geistige Gesundheit hat. Diese
Forschung hat entscheidend dazu beigetragen,
dass sich nach und nach Medizin und Psycho-
therapie für Achtsamkeit zu interessieren
begannen und dass immer mehr darüber
berichtet wird.
Dabei ist wichtig zu sehen, dass Achtsamkeit
eine lange Geschichte hat und innerhalb der
buddhistischen Traditionen, innerhalb anderer
spiritueller und psychotherapeutischer Ausrich-

tungen ebenso wie etwa dem Yoga, Tai Chi oder Feldenkrais tief verankert ist. Die innere Haltung der Achtsamkeit wurde seit jeher von Menschen geübt und gelebt, und viele von ihnen haben oder hätten dafür sicher nie dieses Wort benützt und wundern sich vielleicht, woher auf einmal dieses ganze Interesse kommt. Denn Achtsamkeit oder Präsenz ist alles andere als eine Modeerscheinung oder der neueste Wellness-Boom. Achtsamkeit verweist letztlich auf den Kern aller spiritueller Praxis: die Fähigkeit, hinauszugehen über die Trennung zwischen »ich hier drüben« und »die Welt da draußen«. Die tiefe Erfahrung, ungetrennt zu sein und in direktem Kontakt mit der Wirklichkeit.

ZURÜCK ZUR QUELLE

Der Ursprung des Wortes Achtsamkeit liegt im Begriff *sati*, einem Wort aus der Sprache des Pali, die zu Zeiten von Buddha verwendet wurde. Buddha, eigentlich Siddharta Gautama, lebte in Indien, vermutlich von etwa 560 bis

480 vor unserer Zeitrechnung, und wurde als spiritueller Lehrer unter dem Namen »der Erwachte« bekannt (von »*budh*«, erwachen). *Sati* lässt sich übersetzen mit »Aufmerksamkeit, Bewusstheit, erkennen, sich erinnern«. Wer beständig übt, so Buddha, sich des eigenen Körpers, seiner Gefühle, Gedanken und all der wahrnehmbaren Phänomene klar bewusst zu sein, beschreitet den Weg zu tiefem, von Äußerlichkeiten unabhängigem Glück und letztendlicher Freiheit.

Sati ist eine mentale Fähigkeit, die sich durch intensives Üben festigen lässt. So wurden Meditation und Achtsamkeitspraxis zu einem Kernstück des buddhistischen Geistestrainings, wie es seit über 2600 Jahren praktiziert wird.

WIE ACHTSAMKEIT WIRKT

Achtsamkeitspraxis hilft, rascher zu merken, wenn du auf ungünstige Weise auf Stress und Belastung reagierst, und schafft neue Handlungsspielräume. Die Gelassenheit wächst, wenn Unangenehmes weniger bewertet wird. Zugleich nimmst du deine eigenen Bedürfnisse und das, was im Leben schön und wertvoll ist, intensiver wahr: In der *Harvard Business Review* wurde kürzlich darüber berichtet, wie Achtsamkeit buchstäblich das Gehirn verändert. Die positiven Effekte auf das Wohlbefinden werden immer wieder in wissenschaftlichen Studien bestätigt. Auch eine groß angelegte Untersuchung aus dem Jahr 2015 belegt die Wirksamkeit von Achtsamkeitstraining, wie es z.B. in einem MBSR-Kurs vermittelt wird: zur gesundheitlichen Prävention bei Erwachsenen und Kindern ebenso wie als Ergänzung bei der Behandlung von Krebs, Herz-Kreislauf-Erkrankungen, chronischen Schmerzen, Depression oder Angsterkrankungen. Eine Studie von 2016 zeigt beispielsweise, dass achtsamkeitsbasiertes Training bei Menschen mit Krebs Angst und Erschöpfung vermindert, Stresshormone abbaut und den Blutdruck senkt. Nachgewiesen sind ebenso positive Auswirkungen auf beispielsweise Leistungsfähigkeit, Jobzufriedenheit, Konzentration und Kreativität. (Neugierig auf die wissenschaftliche Forschung? Die Webseite von Dr. Michael Harrer, Facharzt für Psychiatrie und Psychotherapeutische Medizin, ist ein toller Startpunkt: www.achtsamleben.at/forschung.)

··· ÜBUNG ···

ACHTSAMES ATMEN
Mit einem Atemzug in Kontakt mit dir selbst

Achtsames Atmen ist etwas ganz Schlichtes, das jedoch erstaunlich tief greifende Wirkung entfalten kann. Du wirst ihm daher an vielen Stellen begegnen – in diesem Buch ebenso wie in den meisten Anleitungen, die sich mit Achtsamkeit beschäftigen.

Du kannst Achtsames Atmen grundsätzlich zu jeder Zeit und in jeglicher Körperhaltung üben, im Sitzen, Stehen, Gehen oder Liegen, also in Ruhestellung oder in Bewegung. Zu Beginn ist es jedoch sicher am einfachsten, wenn du dir dafür bewusst etwas Zeit nimmst und dich an einem angenehmen Ort hinsetzt.

Lies die Übung erst durch, stell dir dann einen Timer auf fünf Minuten und probiere es gleich einmal aus.

> Je weniger Erwartungen du hast,
> desto offener und entspannter kannst
> du dich auf die Erfahrung einlassen.
> Es darf so sein,
> wie es ist!

- Suche dir einen ruhigen Ort, wo du gerne bist, und finde eine Körperhaltung, die es dir möglichst leicht macht, aufrecht und zugleich so entspannt wie möglich zu sitzen. Wenn du magst, schließ die Augen.

- Atme ein und spüre bewusst den Vorgang des Einatmens. Atme aus und spüre bewusst den Vorgang des Ausatmens. Du brauchst nicht absichtlich tiefer oder langsamer zu atmen als sonst. Du brauchst gar nichts an deinem Atem verändern. Sollte sich der Atem jedoch von selbst verändern, lass das einfach zu.

• Schenke dem Atem deine entspannte, fühlende Anwesenheit. Vielleicht spürst du, wie die Luft an der Nase eintritt. Wie sie kühl den Rachen hinunterstreicht. Wie sich die Brust oder die Bauchdecke ein wenig hebt. Was kannst du noch wahrnehmen?

• Und dann folgt die Ausatmung. Die Luft, die durch die Nase streicht, ist nun vermutlich ein wenig angewärmt. Spürst du, wie Bauch und Brust wieder nach innen sinken? Was bemerkst du noch an körperlichen Empfindungen? Du kannst auch eine Hand oder beide Hände auf deinen Bauch legen, um die Bewegungen des Atmens deutlicher zu spüren.

- Erlebe und genieße das Zarte, Feine, Weiche des Atems. Sei ganz da für dein Atmen, schenke ihm deine liebevolle Präsenz. Frei von Erwartungen darf einfach das sein, was jetzt ist.

- Wenn du merkst, dass du zwischendrin von Gedanken oder Geräuschen abgelenkt wirst, so ist das ganz normal. Der menschliche Geist ist rege und aktiv und wendet sich gern immer wieder neuen Dingen zu. Dass du es bemerkst, heißt, dass du dir bewusst bist, was gerade passiert – es ist also ein Zeichen von Achtsamkeit, kein Anlass für Selbstkritik! Richte einfach die Aufmerksamkeit wieder freundlich und bewusst auf das Ein- und Ausströmen des Atems.

- Das Ziel ist es dabei weder, den Atem zu kontrollieren noch Gedanken zu unterdrücken. Vielmehr vertiefst du deine Fähigkeit, dich bewusst mit der Erfahrung des gegenwärtigen Moments zu verbinden.

- Beende die Übung nach einigen Minuten, indem du sanft die Augen öffnest.

Achtsames Atmen ist eine ganz einfache und zugleich vielschichtige Praxis. Ihre Tiefgründigkeit und vielfältigen positiven Auswirkungen kannst du nur spüren, wenn du sie immer wieder praktizierst. Das ist ein bisschen, als würdest du Gitarrespielen lernen wollen. Wenn dir jemand zeigt, wie du eine Gitarre hältst und wie du die Saiten anschlägst und du es einmal ausprobierst, dann hast du einen wichtigen Schritt gemacht. Doch die Freude und das wirkliche Eintauchen in das Spielen kommen erst mit der Zeit.

WAS ACHTSAMES ATMEN BEWIRKEN KANN

» Durch die Konzentration auf den Atem-
vorgang wird der Atem häufig von selbst
tiefer, ohne dass du dich darum bemühen
müsstest. Die meisten Menschen atmen
gewohnheitsmäßig relativ flach. Je tiefer
und voller der Atem, desto ruhiger und
entspannter wirst du.

» Auch die aufrechte, entspannte Körperhaltung kann zu innerer Ruhe und einem
Gefühl von Präsenz und Selbstvertrauen
beitragen.

» Beim Achtsamen Atmen versuchst du nicht,
Gedanken loszuwerden, du schenkst ihnen
bloß keine besondere Aufmerksamkeit.
Wann immer du merkst, dass sie sich in den
Vordergrund drängen, wendest du deine
bewusste Wahrnehmung wieder dem Atem
zu. Dabei trainierst du zugleich Gelassenheit
und Geduld.

» Gedanken drehen sich häufig um vergangene oder erwartete Schwierigkeiten und versetzen uns damit in Stress. Die Übung hilft dir, sie als das zu erkennen, was sie sind – Worte in deinem Kopf, nicht mehr. So entsteht mehr Abstand.

» Vor allem jedoch übst du, mit der Aufmerksamkeit voll und ganz bei deiner eigenen Erfahrung des jetzigen Moments zu sein – was ja die zentrale Idee von Achtsamkeitspraxis ist.

NACH HAUSE KOMMEN ZU DIR SELBST:

ACHTSAMES ATMEN
IST EINE DER
EINFACHSTEN MÖGLICHKEITEN,
UM INNEZUHALTEN
UND DIR EINE PAUSE
ZU SCHENKEN.

GLAUBE NICHT ALLES, WAS DU DENKST

Kaum etwas macht uns so zu schaffen wie das ewige Geplapper in unserem Kopf – unruhige Gedanken, die sich wie Affen von einem Ast zum nächsten hangeln und uns in Grübelspiralen verwickeln, aus denen wir nur schwer wieder herausfinden.

Gedanken sind vor allem dann schwierig, wenn wir keinen Abstand zu ihnen haben. Entscheidend ist zu erkennen, dass Gedanken erst einmal nichts weiter sind als Worte in deinem Kopf. Sie haben, so wie Buchstaben auf einem Stück Papier, in sich keine reale Substanz. Worte auf einem Stück Papier oder auf einem Computerbildschirm sind schwarze Striche und Punkte. Wenn auf dem Papier steht: »Du bist ein rosafarbener Elefant«, so beschäftigt dich das nicht weiter. Warum? Du weißt ja, dass es nicht stimmt. Wenn da steht: »In Wirklichkeit bist du ein totaler Loser«, so sieht das möglicherweise schon anders aus. Vielleicht befürchtest du, es könnte wahr sein. Doch erst einmal sind beide Sätze einfach nur schwarze Punkte und Striche auf dem Papier bzw. wenn du sie denkst, Worte und Silben in deinem Kopf. Gedanken sind flüchtig, sie haben keine materielle Substanz, weder der Elefantensatz noch der Losersatz.

GEDANKEN SIND KEINE TATSACHEN

Die starke Macht von Gedanken entsteht, wenn wir nicht erkennen, dass Gedanken bloß Gedanken sind – und keine Tatsachen! Wir tendieren allerdings dazu, Gedanken grundsätzlich als wahr, wichtig und bestimmend für unser Verhalten anzusehen.

Dabei ist nicht einmal die Frage nach dem Wahrheitsgehalt entscheidend. Gedanken können wahr sein oder auch nicht, doch selbst wenn sie wahr sind, müssen sie in der aktuellen Situation nicht unbedingt hilfreich sein. Wenn du beispielsweise gerade Italienisch lernen möchtest und du während eines holprigen Gesprächs denkst: »Ich spreche einfach nicht gut Italienisch, sicher mache ich jede Menge Grammatikfehler«, so entspricht das möglicherweise den Tatsachen – dennoch ist es kein Gedanke, der dich bei der Gesprächsführung unterstützt. Im Gegenteil, er hemmt dich und macht dich unsicher, was eher zu mehr als zu weniger Fehlern führen wird.

Übe dich also möglichst oft darin zu bemerken, dass dir ein Gedanke durch den Kopf geht, damit du entscheiden kannst, ob du dein Ver-halten oder deine Stimmung von diesem Gedanken bestimmen lassen willst oder nicht.

»Man muss sich
durch die kleinen Gedanken,
die einen ärgern,
immer wieder hindurchfinden
zu den großen Gedanken,
die einen stärken.«

Dietrich Bonhoeffer

MIT SCHWIERIGEN GEDANKEN UMGEHEN

Gegen Gedanken anzukämpfen und sie loswerden zu wollen, lässt sie eher hartnäckiger werden. Du brauchst sie nicht zum Verschwinden zu bringen. Wichtig ist, dass du Abstand gewinnst.

» Mach dir klar, dass du einen Gedanken *hast*, du aber nicht dieser Gedanke *bist*. Du bist sehr viel mehr als deine Gedanken und dein Verstand.

» So wie du nicht jedes Lied im Radio mögen oder bis zum Ende anhören musst, kannst du auch Gedanken als Teil einer Radiostation betrachten. Du kannst deine Gedanken auf voller Lautstärke hören, aber auch lernen, sie eher als Hintergrundgedudel wahrzunehmen, das langsam unwichtiger wird. Mit Übung und Beharrlichkeit lässt sich der Charakter der innerlichen Radiostationen verändern, sodass sie dich eher unterstützen als beschweren.

» Wenn du einen schwierigen Gedanken bemerkst, probiere aus, ihn innerlich zu wiederholen und ihn dabei etwas zu verändern, indem du davorsetzt: »Ich habe den Gedanken, dass«. Aus »Ich kann das nicht« wird dann »Ich habe den Gedanken, dass ich das nicht kann«. Noch mehr Abstand gewinnst du, wenn du innerlich sagst: »Ich bemerke, dass ich den Gedanken habe, dass ich das nicht kann.«

» Schwierige Gedanken verlieren ihre Macht, wenn du sie innerlich (oder laut) singst, nach irgendeiner Melodie: Happy Birthday, Alle meine Entchen, dein Lieblingssong ... Oder wiederhole den Gedanken in einer Comic-Stimme oder mit der Stimme einer Filmfigur, z.B. von Donald Duck, Miss Piggy, Darth Vader oder Yoda ...

» Wenn du bestimmte Gedanken immer wieder bemerkst, gib der dazugehörigen Geschichte einen Titel, als wäre es ein Roman oder ein Film: z.B. »Ah, wieder einmal die ›Ich-bin-ein-Versager‹-Story« oder »Ja, ja, ich weiß schon, ein neues Kapitel der ›Keiner-mag-mich‹-Saga«.

»EINATMEND WEISS ICH, DASS ICH
EINATME. AUSATMEND WEISS ICH, DASS
ICH AUSATME. DAS HÖRT SICH VIELLEICHT
SEHR SCHLICHT AN, FAST BANAL. DOCH
WENN ICH DIESEN ATEMZUG WIRKLICH
SPÜRE, BIN ICH IN GENAU DEM MOMENT
FREI. FREI VON REUE ÜBER DIE
VERGANGENHEIT, FREI VON SORGEN
ÜBER DIE ZUKUNFT.«

Thich Nhat Hanh

» Wenn du einen belastenden Gedanken bemerkst, lächle ihm zu. Hört sich leicht an, ist es aber nicht unbedingt. Probiere es aus!

» Suche nach dem Bedürfnis hinter Gedanken, die gar nicht aufhören wollen. Was versucht sich da Gehör zu verschaffen? Hinter selbstkritischen Gedanken kann z.B. ein Bedürfnis nach Sicherheit vor Bestrafung oder nach Zugehörigkeit stecken (»Ich darf nichts tun, was dazu führen könnte, das andere mich nicht mehr mögen«). Wird das dahinterliegende Bedürfnis gesehen und anerkannt, kann der Gedanke oft verschwinden.

» Beglückwünsche dich zu jedem kleinen Moment, in dem es gelingt, eine kritische Distanz zu deinem eigenen Denken herzustellen.

SICH UM DEN EIGENEN SCHMERZ KÜMMERN

Schmerzliche Gefühle kennt jeder von uns: Traurigkeit, Angst, Enttäuschung, Eifersucht … Üblicherweise versuchen wir, diese oder andere schwierige Emotionen möglichst rasch loszuwerden, sie zu unterdrücken oder uns abzulenken, damit wir sie nicht spüren. Achtsamkeit schlägt etwas vor, was vielleicht erst einmal seltsam erscheint: nämlich sich ihnen liebevoll zuzuwenden.

Solche Erfahrungen gehören zu unserer menschlichen Existenz: Wir werden krank. Wir verlieren einen Menschen, der uns wichtig ist, sei es durch Trennung, veränderte Umstände oder den Tod. Etwas, was wir uns sehr gewünscht haben, tritt nicht ein. Schönes verändert sich in etwas weniger Schönes. Wir büßen mit dem Älterwerden vielleicht Fähigkeiten ein oder müssen bestimmte Lebensträume irgendwann begraben.

Dazu kommen bei vielen von uns Schatten aus der Vergangenheit, die uns belasten: alter Groll und emotionale Verletzungen, die wir schwer loslassen können, Ängste und innere Blockaden, die wir vielleicht schon seit der Kindheit mit uns herumtragen.

Unter den verschiedenen Möglichkeiten, mit diesen Schwierigkeiten umzugehen, sind Verdrängen und Nicht-wahrhaben-Wollen auf Dauer vermutlich die am wenigsten günstigen. Was kann helfen?

»HALLO, MEINE TRAURIGKEIT«

Statt uns abzulenken, könnten wir uns unserem
Schmerz und Kummer zuwenden – so liebevoll
wie eine Mutter ihrem weinenden Baby. Üblicherweise fürchten wir uns vor schmerzlichen
Gefühlen, wollen sie loswerden oder machen
uns Vorwürfe, weil wir uns schlecht fühlen. Ein
achtsamer Umgang mit schwierigen Gefühlen
würde heißen, erst einmal zu bemerken, dass sie
da sind, ohne sie gleich als negativ zu bewerten
oder verändern zu wollen. Thich Nhat Hanh
schlägt vor, mit dem eigenen Kummer zu
sprechen:

> »Hallo, meine Traurigkeit,
> ich sehe, dass du da bist.
> Ich will mich gut
> um dich kümmern.«

Je mehr du dich in Achtsamkeit übst, desto
selbstverständlicher wird sie dir auch in heraus-
fordernden Zeiten zur Verfügung stehen.

Das bedeutet nicht, dass der Schmerz dadurch verschwinden wird. Doch indem du dich nicht dafür verurteilst, dass du ihn spürst, keinen Widerstand dagegen aufbaust, machst du ihn nicht schwieriger, als er ohnehin schon ist.

Stell dir vor, du hättest dir gerade mit dem Hammer auf den Daumen gehauen. Au, das tut echt weh! Meinst du, dass es eine gute Idee wäre, so darauf zu reagieren, dass du noch ein zweites Mal draufschlägst? Wohl kaum, oder? Aber verhalten wir uns üblicherweise im Umgang mit inneren Schwierigkeiten nicht so ähnlich? Du bist traurig und kritisierst dich dafür, weil du denkst, du solltest nicht so empfinden. Du fühlst dich klein und einsam und eine Stimme in dir schimpft: »Reiß dich mal zusammen! Streng dich gefälligst mehr an!« Das tut doppelt weh. Da ist schon das ursprüngliche schmerzliche Gefühl und jetzt kommt noch der Druck dazu, dass du dich anders fühlen solltest.

Stell dir vor, wie eine einfühlsame Mutter sich verhalten würde, wenn ihr geliebtes Kind weint. Wie geht eine mitfühlende Freundin mit dir um, wenn du leidest? Und wie wäre es, wenn du dir diese Aufmerksamkeit, diese liebevolle Zuwendung selbst zukommen ließest?

Lass dich selbst nicht allein,
wenn es dir schlecht geht.

FLIEGEN MIT ZWEI FLÜGELN

Achtsamkeit hat zahlreiche Aspekte – ähnlich wie ein Diamant, der viele Facetten besitzt. Daher gibt es auch ganz unterschiedliche Arten, sie zu beschreiben.

Mir gefällt die Vorstellung von Achtsamkeit als einer inneren Haltung, die von zwei Flügeln getragen wird: Bewusstheit und Gelassenheit.

BEWUSSTHEIT meint: Ich bin mir klar darüber, was gerade geschieht.

Meine Aufmerksamkeit ist gezielt bei dem, was ich im Moment erlebe.

Wie oft funktionieren wir hingegen eher, als wären wir auf »Autopilot« geschaltet?

Du erledigst alle notwendigen Handgriffe, aber bemerkst gar nicht, was du eigentlich tust. Du fährst eine bekannte Strecke mit dem Auto und fragst dich beim Aussteigen, wie du am Ziel angekommen bist. Du reißt die Verpackung eines Schokoriegels auf und eh du dichs versiehst, ist er in deinem Magen verschwunden, ohne dass du das Essen richtig bemerkt hättest. Du durchläufst deinen Tag, bist jedoch gar nicht wirklich »dabei«. Du funktionierst. Am Abend bist du nicht selten fix und fertig, aber ohne das angenehme Wissen, etwas Sinnvolles getan zu haben.

Bewusstheit ist das Gegenteil davon. Deine Sinne sind wach. Du merkst, was du siehst, was deine Hände gerade tun. Du freust dich am Riechen, am Schmecken, du bist lebendig in deinem Körper. Du nimmst deine Umgebung wahr und dich selbst. Daher merkst du auch, wann du eine Pause brauchst, ob gerade dein Einsatz verlangt wird oder du auch einmal anhalten kannst. Du weißt, was Priorität hat. Du bist präsent für dein eigenes Leben und für die Welt.

GELASSENHEIT meint: Ich akzeptiere, was ich nicht ändern kann.

Das Leben eines jeden Menschen gestaltet sich manchmal schön und manchmal schwierig. Du, ebenso wie jeder von uns, erlebst angenehme und unangenehme Situationen. Das ist normal. Wenn du Gelassenheit entwickelst, gehst du nicht in einen Kampf mit Dingen, die sich nicht ändern lassen. Dabei bist du nicht passiv oder resignativ. Du hast die Fähigkeit, anzuerkennen, dass die Dinge sind, wie sie sind, auch wenn sie dir nicht gefallen. Und du erkennst die Möglichkeiten, die es gibt, um mit der Situation, in der du gerade bist, sinnvoll und angemessen umzugehen.

WER GELASSENHEIT ENTWICKELT,

LERNT ANZUERKENNEN:

JA, SO IST ES.

SELBST DANN,

WENN ES MIR NICHT GEFÄLLT.

ES IST SO.

BEWUSSTHEIT SCHAFFT VERÄNDERUNG

Dass mehr Bewusstheit und Gelassenheit im eigenen Leben guttäten, dem würden wohl die meisten Menschen zustimmen. Doch wie kann es gelingen, etwas davon im Alltag umzusetzen?

Ich selbst habe erst neulich beim Ausräumen der Spülmaschine wieder ein AHA-Erlebnis gehabt. Folgende Situation:
Ich räumte die volle Spülmaschine aus. In den umgedrehten Tassen hatte sich oben Wasser gesammelt, das beim Herausholen auf den

Fußboden tropfte. Missmutig wischte ich rasch mit einem Lappen darüber. Die Gläser klirrten aneinander, als ich sie ein wenig fahrig und unaufmerksam in den Schrank stellte. Wer räumt schon gern die Spülmaschine aus? Keine sehr beliebte Tätigkeit. Ich beeilte mich, wollte schnell damit fertig werden. Und auf einmal – auf einmal merkte ich, was ich da tat. Spürte meine Ungeduld. Meine latente Anspannung, meine Gereiztheit. Und erkannte, dass es eine Seite in mir gab, die wollte, dass diese Tätigkeit möglichst schnell vorbei ist, damit ich endlich etwas Angenehmeres tun konnte.

HALT MAL, sagte ich dann zu mir selbst. *Steig aus diesem Fahrwasser aus. Schon richtig, dass das Ausräumen der Spülmaschine nicht das Angenehmste von der Welt ist. Aber ich mache es mir gerade weitaus unangenehmer, als es eigentlich ist. Und zwar weil ich weg will von da, wo ich bin, und mich an einen Ort wünsche, den ich mir angenehmer vorstelle. Indem ich etwas als unangenehm bewerte. Indem ich eine »Mag ich nicht«-Haltung vor mir hertrage.*

Ich musste lächeln, denn kaum dass ich mich gefragt hatte, was ich hier eigentlich treibe und warum, begann der Zauber zu wirken. Ich erkannte:

Ich muss gar nichts TUN.
Die Bewusstheit selbst
schafft die Veränderung.

Ich musste mich nicht anstrengen, um dieselben körperlichen Bewegungen beim Herausnehmen des Geschirrs nun mit Aufmerksamkeit, Entspannung und einem Stück Wohlbefinden auszuführen statt mit Hektik, Anspannung und Genervtsein. Es geschah ganz von selbst. Weil ich merkte, mit welcher inneren Haltung ich bei der Sache war und dass es auch andere Optionen gibt.
Durch dieses Erkennen kann eine kleine Pause entstehen. Ein Freiraum, in dem ich jederzeit aussteigen kann aus meinem Genervtsein.
Gelingt mir ein solcher Wechsel immer, in jeder Situation? Nein.

Und passiert es, dass ich unbemerkt in die
genervte innere Haltung zurückschlüpfe? Ja.
Doch gelingt es immer öfter. Und zwar umso
öfter, je häufiger ich bewusst bemerke, was
gerade geschieht. Dann schaue, ob es möglich
ist, es nicht zu bewerten – nicht gut, nicht
schlecht zu finden, es einfach als das wahrzunehmen, was es ist –, und mich in Gelassenheit
übe.

Ist dir schon einmal aufgefallen, dass viele
kleine Kinder noch mit Begeisterung Dinge tun,
für die wir als Erwachsene keinen Nerv mehr
haben? Wie hingebungsvoll einen Regenwurm
zu betrachten. Mit all ihren Sinnen bei der
Sache sein und ihr die ganze Aufmerksamkeit
schenken – das können Kinder besonders gut.
Und wir können es wieder lernen. Mit einer
veränderten inneren Haltung verändert sich
zugleich unser Erleben von allem, was wir tun.
Das bedeutet allerdings nicht, dass durch
Achtsamsein etwas, was ich unangenehm finde,
automatisch angenehm wird. Wenn ich gerade

eine volle Babywindel wechsele und mit Achtsamkeit dabei bin, könnte es sein, dass ich den Geruch intensiver und dadurch vielleicht sogar unangenehmer wahrnehme. Ich würde aber vermutlich auch merken, dass der Geruch nur *ein* Element der Situation ist und dass es an mir liegt, worauf ich meinen Fokus richte.

Der Geruch ist eben da, aber zugleich ist da auch ein kleiner strampelnder Mensch, dem ich meine Liebe und Aufmerksamkeit schenken kann.

»ACHTSAMKEIT HEISST, STAUNEND
IN DEN NACHTHIMMEL ZU SCHAUEN
UND DIE FUNKELNDEN STERNE
WAHRZUNEHMEN – BEVOR UNSER
VERSTAND SAGT:
›DAS IST DER GROSSE WAGEN.‹«

Christopher Germer

DIE KUNST DES INNEHALTENS

Das Tempo, mit dem wir durchs Leben rasen, scheint von Jahr zu Jahr höher zu werden. Doch das liegt nicht nur an der gesellschaftlichen und technischen Entwicklung. Auch wir selbst tragen dazu bei.

Zeitnotstand. Eine Welt aus immer mehr Möglichkeiten und Optionen, in der immer mehr Dinge zu entscheiden sind, immer mehr Mails, SMS und andere elektronische Nachrichten eintreffen, die um unsere Aufmerksamkeit

buhlen und die wir immer schneller beantworten müssen – oder zumindest glauben wir das.
Ein Arbeitsalltag, der laufend auf Effizienz hin
unter die Lupe genommen wird: Wo können wir
noch sparen, wo lässt sich noch etwas abknap-
sen? Schon Grundschulkinder leben in einer
durchgetakteten Welt, in der immer weniger
Zeit bleibt, in der sich einfach ungeplant etwas
entwickeln darf, in der es Leerlauf und Muße
gibt. Wer soll dabei gesund bleiben?

Doch auch viele Menschen, die von außen
betrachtet ein beschauliches Leben führen,
berichten oft von Zeitdruck. So erzählte eine
Kursteilnehmerin, dass sie zwar schon einige
Jahre in Rente sei, aber immer noch nicht
abschalten könne. Das Gefühl, gehetzt zu sein,
immer etwas erledigen zu müssen, sei ihr so
zur zweiten Natur geworden, dass sie sich
schwertue, sich eine Pause zu gönnen – obwohl
sie eigentlich Zeit genug habe.

Daran zeigt sich, dass Zeitdruck nicht nur
durch äußere Umstände entsteht und dass er

nicht einfach aufhört, weil sich im Außen etwas verändert. Die Erfahrung, auch am Wochenende oder im Urlaub nicht abschalten zu können, ist dir vielleicht vertraut. Viele von uns haben die Kunst des Innehaltens verlernt.

Achtsamkeit ist nichts, was wir einmal entwickeln und was uns dann für alle Zeiten zur Verfügung steht. Achtsamkeit ist eine Energie, die sich in jedem Moment unseres Lebens wieder neu entfaltet – doch dafür müssen wir in diesem Moment anwesend sein. Wir müssen anfangen, die Gewohnheit, ständig zu rasen und zu hasten, abzulegen.

»UND DANN MUSS MAN JA
IMMER NOCH ZEIT HABEN,
EINFACH DAZUSITZEN
UND VOR SICH HIN ZU SCHAUEN.«

Astrid Lindgren

HALLO

Inneren Freiraum finden

Die fünf Buchstaben des Wörtchens HALLO stehen als Abkürzung für eine ganz einfache, aber sehr wirkungsvolle Möglichkeit, während des Tages immer wieder innezuhalten, dich zu zentrieren und in deine innere Mitte zu finden.

H steht für HALT

Der erste Schritt ist der kleinste, unscheinbarste, aber zugleich auch der wichtigste. Findet der nämlich nicht statt, kann auch nichts Weiteres entstehen und sich verändern. Anhalten. Sag dir selbst: »Moment mal. Stopp!« Der Kopf meint dann schnell: »Dazu habe ich jetzt keine Zeit.« Doch das stimmt nicht. Der ganze HALLO-Vorgang dauert, vor allem, wenn du dich an ihn gewöhnt hast, nicht mehr als dreißig oder vierzig Sekunden!

Halte einen Moment inne. Es ist ein kurzes
Aussteigen aus dem Gefühl des Getriebenseins:
Denn auch wenn du ganz real viel zu tun hast,
so entsteht der Eindruck des Gehetztseins doch
viel eher durch eine innere Trance gewohnheits-
mäßiger Anspannung als durch äußere Umstände. Das Innehalten ist wie ein Erwachen aus
dieser Trance. Du merkst: »Hallo, ich bin ja
auch noch da!«

Das Anhalten kann, muss aber nicht notwendi-
gerweise auf der körperlichen Ebene sichtbar
sein. Falls es möglich ist, stehenzubleiben oder
das, was du gerade tust, eine Minute zu unter-
brechen – schön. Du kannst aber sehr wohl
auch innehalten und aus dem inneren Gehetzt-
sein aussteigen, während du beispielsweise die
Straße entlanggehst oder im Auto sitzt.

A steht für ATMEN

Anhalten und atmen, das geht nahtlos ineinan-
der über. Nimm einen bewussten Atemzug.
Erlaube dir im wahrsten Sinne des Wortes eine

Atempause. Bewusstes, achtsames Atmen bringt dich sofort in Kontakt mit dir, erdet und stabilisiert dich.

L steht für LASSEN

Lass die Situation einen Moment sein, wie sie ist. Lass dich einen Moment sein, wie du jetzt gerade bist. Nichts verändern. Nicht kämpfen. Einfach einen Moment da sein.

L steht für LÄCHELN

Mit dem Stückchen Weite, das oft durch das Lassen entsteht, kann auch ein Lächeln auftauchen. Ein ganz kleines, das man von außen vielleicht nicht einmal wahrnehmen würde. So, als würdest du dir ein Lächeln in die Augenwinkel setzen. Dabei bewegen sich die Augenringmuskeln. (Das ist die Stelle, die den Unterschied ausmacht zwischen einem »echten« und einem bloß höflich aufgesetzten Lächeln.) Und sobald sich diese kleinen Muskeln links und rechts am äußeren Augenwinkel entspannen, geschieht oft etwas Magisches: Die meisten Menschen erleben dadurch ein unmittelbares Gefühl von Entspannung, Leichtigkeit und Wohlbefinden (das wieder abebbt, wenn der Muskel erneut in seine »mürrische« Haltung einrastet).

Es ist damit nicht gemeint, mit einem Lächeln so zu tun, als ob alles in Ordnung wäre, wenn dir eigentlich zum Heulen oder Türenknallen zumute ist. Das sanfte oder innere Lächeln, falls es sich in dieser Situation gerade stimmig anfühlt, ist eher ein Ausdruck von Freundlichkeit und Wertschätzung dir selbst gegenüber.

O steht für OFFEN WERDEN

Du sagst Stopp zu dir selbst, hältst einen Augenblick inne, atmest einmal durch, lässt dich und die Situation so sein, wie es eben gerade ist, und vielleicht gelingt es, dir selbst einen Moment etwas Freundlichkeit zu schenken – all das dauert nur wenige Sekunden, die jedoch einen großen Unterschied machen können: Du bist wieder mit dir selbst verbunden. Du bist wieder wach und präsent. Und von hier aus öffne dich dem gegenwärtigen Augenblick. Ohne dich anzustrengen, begegne einfach dem Leben, wie es sich gerade zeigt, mit einer Haltung von Offenheit. Werde dir bewusst, was du gerade siehst, was du spürst, wo du bist, ohne etwas Besonderes zu erwarten. Aus dieser zentrierten inneren Haltung heraus kannst du entscheiden, was dein nächster Schritt sein soll.

Zu Beginn wird es dir noch schwerfallen,
dich an das Innehalten zu erinnern.
Doch mit der Zeit entsteht eine neue
Gewohnheit, dich dich nährt und stärkt.

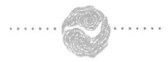

PAUSE MACHEN
WILL GERLERNT SEIN

Weil wir uns mit dem Innehalten so schwertun,
gönnen wir uns häufig auch keine Pausen. Wir
denken, bis wir uns eine Pause erlauben dürfen,
muss erst alles erledigt sein.
Aber hast du es wirklich schon einmal erlebt, dass
alle Punkte auf deiner To-do-Liste abgehakt waren,
ohne dass schon wieder neue aufgetaucht wären?

Die folgende Geschichte, die der buddhistische Mönch Ajahn Brahm in seinem Buch *Die Kuh, die weinte* erzählt, zeigt, dass wir selbst den Punkt setzen müssen, an dem genug genug ist.

WAS GETAN WURDE, IST FERTIG

»Von Juli bis Oktober übernimmt der Monsun das Regiment in Thailand. In dieser Zeit stellen die Mönche ihre Reisen ein, legen alle Projekte und Werkstücke zur Seite und widmen sich ausschließlich dem Studium und der Meditation. Diese Periode wird ›Vassa‹ genannt, das ›Regen-Retreat‹.

Vor einigen Jahren errichtete ein berühmter Abt in Thailand eine neue Halle in seinem Waldkloster. Zum Zeitpunkt des Regen-Retreats ließ er alle Arbeiten einstellen und schickte die Bauarbeiter nach Hause. Im Kloster war jetzt die Zeit der Stille angebrochen.

Als ein Besucher ein paar Tage später das halbfertige Gebäude sah, fragte er den Abt, wann die Halle denn fertig sein würde.

Ohne zu zögern, antwortete der Abt: ›Die Halle ist fertig.‹

›Was meinst du damit: Die Halle ist fertig?‹, fragte der Besucher verblüfft. ›Sie hat kein Dach, keine Fenster oder Türen. Überall liegen Holzstücke und Zementsäcke herum. Soll denn das alles so bleiben? Bist du verrückt? Was soll das heißen: Die Halle ist fertig?‹

Der alte Abt lächelte und erwiderte gelassen: ›Was getan wurde, ist fertig.‹ Und damit schritt er davon, um zu meditieren.

Dies ist die einzige Möglichkeit, sich ein Retreat oder eine Pause zu gönnen. Sonst wird unsere Arbeit nie fertig.«

Was getan wurde, ist fertig, erklärt der thailändische Abt in der Geschichte. Ein kleiner Satz mit großer Tragweite.

Wir sind so gewohnt, auf das zu schauen, was noch nicht fertig ist, dass wir üblicherweise nicht sehen oder wertschätzen, was bereits getan wurde, was wir bereits erledigt haben. Doch auch die Halle, die gerade mitten im Entstehungsprozess begriffen ist, ist fertig so weit, wie sie eben in diesem Moment fertig ist. Das, was getan wurde, ist fertig. Der Abt wäre schlecht beraten, würde er seinen Mönchen erst dann die Möglichkeit zu innerer Einkehr oder einer Pause geben, wenn die Halle komplett erbaut wäre. Das könnte noch Wochen oder Monate dauern und wer weiß, welche wichtigen Arbeiten bis dahin an anderer Stelle schon wieder begonnen hätten, die eine Pause angeblich auch nicht zuließen!

»Viele haben die verrückte Idee, dass sie sich erst entspannen dürften, wenn alles erledigt sei. Entspannung soll eine Belohnung sein«, sagte die Trainerin und Autorin Carola Kleinschmidt einmal in einem Interview und fragte provokant weiter: »Aber womit will man denn fertig werden? Mit dem Leben?«

Wenn wir uns selbst keine Erholungspausen gönnen, gibt sie uns niemand! Wenn wir darauf warten, bis alle Punkte unserer To-do-Liste abgearbeitet sind und wir nichts mehr zu tun haben, können wir lange warten!

Wenn du anfängst, öfter innezuhalten, wirst du merken, dass viel von dem Druck, den du oft spürst, nicht nur von außen, sondern auch von innen kommt. Denn wenn du genau hinschaust, merkst du vielleicht, dass dir in der Realität gar niemand die Pistole ins Genick setzt und dich zwingt weiterzumachen, obwohl du eigentlich eine Pause bräuchtest – auch wenn es sich oft genug genauso anfühlt. Damit will ich nicht sagen, dass du dir das alles nur einbildest oder dass du nicht unter Druck von außen stehst (fordernder Chef, schreiendes Baby, drängende Deadlines etc.). Doch das Gefühl des Getriebenseins entsteht ganz stark in uns selbst. Es ist eine eingefleischte Gewohnheit: ein Prozess aus unbewussten Gedanken, automatischen Verhal-

tensmustern, kulturellen Traditionen, unhinter-
fragten Annahmen, körperlichen Reaktionen
und vielem anderen mehr. Dieses komplexe
Zusammenspiel könnte man auch den »inneren
Antreiber« nennen. Neben den äußeren Antrei-
bern macht uns dieser innere Einpeitscher oft
das Leben schwer.

WANN IST MAL SCHLUSS?

In früheren Zeiten waren Bereiche wie Arbeit
und Freizeit klarer getrennt. Es gab feste
Rahmenbedingungen, klare Feierabend- und
Pausenregelungen. Heute dringt immer mehr
Arbeit schleichend in unsere Frei-Zeit ein.
Natürlich haben flexible Arbeitszeiten oder die
Möglichkeit, auch von zu Hause aus auf den
Büro-Server zuzugreifen oder eine Kundenan-
frage zu beantworten, erhebliche Vorteile. Es
erleichtert die Vereinbarkeit von Familie und
Beruf, reduziert Anwesenheitspflicht, die nicht
effektiv ist, und verschafft uns jede Menge
neuer Freiheit. Die hat jedoch auch eine Kehr-

seite, die vielen von uns nicht bewusst ist: Wir müssen nämlich die Freiheit, unsere Arbeitszeit selbstbestimmt einzuteilen, auch dahingehend ausüben, dass wir selbstbestimmt Pausen einlegen und die Arbeit bewusst zur Seite legen und beenden.

Die Kultur des »Höher, schneller, weiter« und »Yes, you can« suggeriert uns, wir könnten alles schaffen, wir müssten uns eben nur genug anstrengen, noch mehr Leidenschaft entwickeln. Das, was rasch in den Bereich der Selbstausbeutung rutscht, wird gesellschaftlich dann zur großen neuen Freiheit stilisiert. Nicole Plinz und Hans-Peter Unger, die in einer Hamburger Klinik mit Burnout-Betroffenen arbeiten, schreiben: »Es wird für den Einzelnen zum Verhängnis, dass kulturelle oder soziale Rollen ihre bremsende, haltende und begrenzende Funktion gegenüber der Arbeit verloren haben, wenn keine individuellen Fähigkeiten zur Verfügung stehen, die eigenen Belastungsgrenzen selbstfürsorglich einzuhalten.«

SELBSTFÜRSORGE LERNEN

Die eigenen Belastungsgrenzen selbstfürsorglich
einhalten: Das bedeutet zu bemerken, dass
deine Grenze erreicht ist. Bemerken, wann du
eine Pause brauchst. Bemerken, dass es einen
Punkt gibt, an dem mehr tun nicht mehr bringt.
Bemerken, dass du nicht für alles zuständig bist.
Bemerken, dass du dich gut um dich kümmern
musst, wenn du weiterhin für andere da sein
willst oder gute Arbeit leisten möchtest.
Dabei kann dir Achtsamkeit helfen, weil deine
eigene Präsenz höher wird und du mitbe-
kommst, was eigentlich gerade passiert.
Besonders wenn du zu denen gehörst, die viel
von ihrer Arbeitszeit selbst organisieren (müssen) – wie Studenten, Freiberufler, Eltern,
Menschen, die mehrere Arbeitsfelder unter
einen Hut bringen oder in sehr flexiblen Zeit-
räumen arbeiten –, gilt es zu lernen, den inneren
Antreiber, der stets findet, du müsstest noch
mehr tun, zu erkennen und sinnvoll mit ihm
umzugehen.

SICH SELBST EIN KLUGER CHEF SEIN

Hier findest du Anregungen, um mit mehr Gelassenheit und Achtsamkeit zu arbeiten und dir Pausen zu gönnen, durch die dein Tun erst effektiv, kreativ und befriedigend werden kann.

PAUSEN SIND WERTVOLL

Kreativität und Leistungsfähigkeit nehmen ab, wenn wir gestresst sind. Im Gehirn wird unter Stress das überlegte, kluge Denken eingeschränkt und stattdessen das Angstzentrum angeregt. Wir nehmen also Dinge bedrohlicher wahr, als sie sind, trauen uns weniger zu und werden gehemmter. Daher sind Pausen und Erholung so wichtig, um gut arbeiten zu können!

PAUSE HEISST PAUSE!

Viele von uns neigen dazu, Freiräume mit »Nur mal eben« zu füllen: Das Baby schläft zum ersten Mal seit Stunden? Nur mal eben die Spülmaschine ausräumen (obwohl mir vor Schlafmangel fast die Augen zufallen). Mittagspause? Nur rasch noch die Kundenanfrage beantworten (und das Brötchen nebenbei essen). Mit einer Freundin telefonieren? Nebenher lässt sich ja gut die Wäsche abhängen. Spart das Zeit? Vielleicht.

Aber was heißt das in puncto Lebensqualität, dringend nötiger Erholung und Präsenz für das, was du tust? Erlaube dir Pausen und Freiräume und dann genieße sie auch bewusst, ohne sie mit etwas anderem zu füllen.

MUSSE HABEN

In Plum Village, Thich Nhat Hanhs Meditationszentrum in Frankreich, gibt es die Praxis des *Lazy Day*. Das ist ein Tag in der Woche, der dem Freiraum und der Muße gewidmet ist. Die Mönche und Nonnen ebenso wie die Besucher werden ermuntert, ihn bewusst nicht im Vorfeld zu verplanen und mit Ausflügen oder praktischen Notwendigkeiten wie Wäschewaschen zu füllen, sondern ihn ganz geruhsam anzugehen, nach dem Motto: Wenn ich in mich hineinhöre, nach was ist mir dann wirklich zumute?

Wir sind es so gewohnt, alles zu strukturieren und vorauszuplanen, dass wir oft unruhig werden, wenn ein Zeitraum nicht durchgetaktet ist. Wichtige Gedanken, seelische Bewegungen und unverhoffte Begegnungen brauchen jedoch Raum, um sich zu entfalten.

ECHTE PAUSEN

Wobei erholst du dich wirklich? Könnte es sein, dass es für dich wesentlich entspannender und wohltuender ist, dich zehn Minuten aufs Bett zu legen und die Augen zu schließen oder langsam eine Runde um den Block zu schlendern, als dich durch die Fernsehkanäle zu zappen, ein Magazin durchzublättern oder auf dem Smartphone zu daddeln? Wenn ich mir selbst zuschaue, merke ich jedenfalls, dass meine Highscore-Jagd bei »Jewels« keinen großen Erholungswert hat. Sie lenkt mich zwar ab, aber nach einer kurzen Entspannungsübung oder einem schlichten HALLO (siehe Seite 80) fühle ich mich weitaus besser.

DIR SELBST WERTSCHÄTZUNG GEBEN

Studien belegen eindeutig, dass mangelnde Wertschätzung ein wichtiger Faktor für Burnout-Erkrankungen ist. Wertschätzung von außen ist wunderbar, aber nicht die einzige Möglichkeit. Nimm dir Zeit, um selbst das wertzuschätzen, was in den letzten Tagen, Wochen oder Monaten gut gelaufen ist. Wir tendieren gewohnheitsmäßig dazu, uns auf das

zu fokussieren, was nicht perfekt funktioniert.
Ändere daher bewusst die Blickrichtung, um
das zu bemerken, was geklappt hat: die Einge-
wöhnungszeit deines Sohnes in den Kindergarten, das Bepflanzen der Balkonkästen, das
Vorbereiten der Präsentationsunterlagen.

GUT GENUG!

Meint dein innerer Kritiker, du hättest gerade
keine Wertschätzung verdient, weil es schließlich auch besser hätte laufen können? Schon
möglich, dass du etwas noch besser hättest
machen können. Wenn man allerdings diesen
Maßstab anlegt, könnte man kaum für irgend-
etwas Lob oder Anerkennung aussprechen.
Vielleicht magst du dir ein Beispiel nehmen
am dänischen Familienexperten Jesper Juul,
der in Bezug auf Mütter und Väter sagt,
dass gute Eltern jeden Tag fünfzig Fehler
machen. Wir sind menschlich, es ist normal,
dass manches schiefgeht. Fehlerfreundlichkeit
zu entwickeln heißt, sich nicht entmutigen zu

lassen, wenn etwas weniger als perfekt läuft, und gleichzeitig auf das zu schauen, was funktioniert hat.

AUFSCHIEBERITIS ERKENNEN

Der Kommando-Ton des inneren Antreibers ist ganz schön anstrengend. Ständig sitzt er uns im Nacken damit, was wir noch tun sollen. Häufig wehren sich andere innere Seiten in uns dagegen. Eine davon ist der Aufschieberix. Statt sich an die gefürchtete Steuererklärung oder das anstrengende Telefonat zu machen, scheinen Blumengießen, Schuheputzen, Aktenablage oder die Zigarettenpause auf einmal wahnsinnig dringend zu sein.

Der Aufschieberix will zwar zu Entlastung und Entspannung beitragen, erreicht aber meistens eher das Gegenteil. Denn durch die Ablenkungen wachsen meistens der gefühlte Druck und das schlechte Gewissen.

Besser: mit einen kleinen ersten Teilschritt anfangen.

»AM ENDE STELLT SICH DIE FRAGE:

WAS HAST DU

AUS DEINEM LEBEN

GEMACHT?

WAS DU DANN WÜNSCHST,

GETAN ZU HABEN,

DAS TUE JETZT!«

Erasmus von Rotterdam

DIE EIGENE HALTUNG WÄHLEN

Wir selbst können wählen, wie wir uns einer Situation gegenüber verhalten wollen. Meist sind wir uns dessen jedoch nicht bewusst und reagieren automatisch und ohne zu merken, was gerade geschieht und welche Haltung wir dabei einnehmen.

Du putzt das Klo, stehst im Stau oder einge-quetscht in der übervollen U-Bahn, hängst am Telefon in der Warteschleife, führst ein anstren-gendes Gespräch mit deinem Chef oder deinem Partner … Wie reagierst du darauf normalerweise? Mit welcher Haltung begegnest du Dingen, die dir nicht besonders gefallen? Ich nehme an, dass du, wie ich in meinem Spülmaschinen-Beispiel von Seite 70, häufig mit Abwehr, mit Widerstand, mit Ärger, mit Frustration, Unwillen oder Genervtsein reagierst. Doch müssen wir eine solche Haltung zwangsläufig einnehmen? Nein.

Wir selbst können jederzeit wählen, wie wir uns etwas oder jemandem gegenüber verhalten wollen.

Das klingt möglicherweise provokant und ein wenig weltfremd. Daher ist es vielleicht interessant zu wissen, von wem das Zitat auf der nächsten Seite gegenüber stammt. Viktor Frankl (1905–1997) war ein österreichischer Neurologe und Psychiater, der die Logotherapie begründet hat, eine therapeutische Richtung, in der das Erleben von Sinn im Mittelpunkt steht. Dass ausgerechnet Viktor Frankl diesen Satz gesagt hat, ist bezeichnend – denn Frankl war jüdischer Herkunft und überlebte die Grauen von Theresienstadt und Auschwitz. Seine Eltern, sein Bruder und seine Frau wurden im Ghetto bzw. im Konzentrationslager ermordet, Frankl selbst schrieb später das Buch ... *trotzdem Ja zum Leben sagen: Ein Psychologe überlebt das Konzentrationslager.* Je länger Viktor Frankl die Unmenschlichkeit der Nationalsozialisten erlebte, desto klarer wurde ihm, dass man einem Menschen alles nehmen kann, aber nicht die Freiheit, die eigene Haltung zu wählen zu dem, was ihm passiert. Seine Überlegungen lassen sich so zusammenfassen:

Zwischen Reiz und Reaktion liegt
ein Raum. In diesem Raum liegt unsere
Macht zur Wahl unserer Reaktion.
In unserer Reaktion liegen unsere
Entwicklung und unsere Freiheit.

Achtsamkeit ermöglicht dir, diesen Raum zu entdecken. Je öfter du ihn erforschst, desto weiter wird er.

EINFACH EINE TATSACHE

Natürlich geschieht es leicht, dass wir in Situationen, die wir als anstrengend oder unangenehm erleben, ungeduldig werden oder gereizt reagieren. Es ist menschlich und verständlich, dass wir uns wünschen, es wäre anders oder die Umstände würden sich ändern. Doch können wir nicht immer verhindern, dass wir in Situationen geraten, die uns nicht gefallen, seien es banale Alltagsumstände (der verspätete ICE) oder gravierende Lebenskrisen (eine bedrohliche Krankheit, eine schmerzliche Trennung). Das Leben ist häufig nicht so, wie wir es haben wollen. Wir kriegen oft nicht das, was wir möchten, und das, was schön ist, kann wieder verloren gehen. *That's a fucking fact*, das ist einfach eine verdammte Tatsache, wie der spirituelle Lehrer Paul Lowe gern zu sagen pflegt. Und dennoch müssen wir nicht zwangsläufig mit Abwehr auf alles reagieren, was uns nicht gefällt. Und wir müssen auch nicht angestrengt an dem festhalten, was wir gern haben. Wenn es die – vielleicht unangenehme – Wahrheit ist, dass das Leben uns mit Schönem wie mit Schwierigem konfrontiert, was hilft dann, gut damit umzugehen? Bewusstheit und Gelassenheit. Achtsamkeit, die Fähigkeit, offen und präsent für das zu sein, was gerade geschieht, führt dazu, dass wir Schönes bewusster erleben und Schwierigkeiten besser begegnen können.

»DIE LETZTE
DER MENSCHLICHEN FREIHEITEN
BESTEHT IN DER WAHL DER
EINSTELLUNG ZU DEN DINGEN.«

Viktor Frankl

ERINNERN, WAS HEILT

Die Möglichkeit, unsere innere Haltung zu wählen, ist ein Teil unserer menschlichen Würde und Freiheit.

Wie diese Haltung sich konkret in deinen Gedanken, Worten oder Handlungen ausdrückt, ist aus meiner Sicht weniger eine Frage von gesellschaftlichen Vorgaben, religiösen oder moralischen Richtlinien oder einer abstrakten Vorstellung davon, was jetzt »richtig« oder »achtsam« wäre. Vielmehr geht es darum, was *du* – vor dem Hintergrund *deiner* Erfahrungen, basierend auf *deinen* inneren Wertvorstellungen und in Anbetracht *deiner* aktuellen Situation – im Moment als angemessen und hilfreich erachtest. Das, was *für mich* aktuell heilsam und angemessen ist, mag nämlich *für dich* in ähnlichen Umständen nicht passen. Und das, was für mich *heute* stimmig ist, ist es *morgen* unter Umständen nicht mehr.

Die Meditationslehrerin und Publizistin Sylvia Wetzel drückt das in ihrem Buch *Vertrauen: Finden, was mich wirklich trägt* so aus:

»Achtsamkeit heißt bemerken, was geschieht, und erinnern, was heilt.«

Manche der nun folgenden Ideen rufen vielleicht ein inneres Ja hervor, andere ein Kopfschütteln. Sie sind lediglich als Anregung zum eigenen Experimentieren und Erforschen gedacht. Sicher hast du andere Ideen, die für dich noch stimmiger sind.

WENN DU IN EINER WARTESCHLANGE STEHST, KÖNNTEST DU

» dich daran erinnern, dass es nicht schneller geht, wenn du dich darüber ärgerst,

» die Sache auch so sehen, dass dir jemand gerade eine Pause geschenkt hat,

» tief durchatmen, deine Füße auf der Erde spüren, dir vorstellen, du bist ein Baum, aufrecht, stabil und frei.

WENN DU TRAURIG BIST, KÖNNTEST DU

» etwas tun, was dir wirklich guttut (eine liebe Freundin anrufen, ein warmes Bad nehmen, einen langen Spaziergang machen, dir eine Lieblingsspeise aus Kindertagen kochen …),

» dir erlauben, traurig zu sein und dich einmal richtig auszuweinen,

» dir vorstellen, dass deine Traurigkeit ein kleines Kind ist, es in einem innerlichen Bild auf deinen Schoß setzen und liebevoll umarmen. Sag ihm all das, was du jetzt gerne hören würdest (z.B. dass jemand seinen Schmerz versteht; dass es nicht allein ist, dass du für es da bist und es tröstest).

WENN DU SCHMERZEN HAST, KÖNNTEST DU

» mit der schmerzenden Stelle sprechen, wie du es mit einer geliebten Person tun würdest (vielleicht magst du ihr sagen, dass du dir wünschst, dass es ihr wieder besser geht. Sie fragen, was ihr gerade guttäte, und auf die Antwort aus dem Inneren des Körpers lauschen),

» dir vorstellen, es legt sich eine liebevolle Hand, eine Wärmflasche oder eine schnur-rende Katze darauf,

» bemerken, dass du Schmerzen hast, es jedoch auch Stellen an deinem Körper gibt, die sich nicht schmerzhaft anfühlen, und dich immer wieder auch auf die Empfindungen dort ausrichten,

» die alte tibetische Praxis von Tonglen anwenden: Erinnere dich daran, dass es andere Menschen auf der Welt gibt, die unter ähnlichen Schmerzen leiden wie du. Nachdem du ja ohnehin gerade diese Schmerzen spürst, könntest du dem Erleben ein Gefühl von Sinn verleihen, indem du dir vorstellst, mit dem Einatmen deinen Schmerz und den aller anderen Menschen anzuerkennen und in dein weites, offenes Herz fließen zu lassen, wo er geheilt und verwandelt wird. Anschließend atme in deiner Vorstellung weißes, heilsames Licht für dich und alle anderen in einer ähnlichen Situation aus.

WENN DU GERADE ETWAS TUST, WAS DU NICHT MAGST, KÖNNTEST DU

» bemerken, wie sehr deine Haltung bestimmt, wie du etwas erlebst. Genervt abspülen ist nervig. Entspannt abspülen ist entspannend. Die Tätigkeit an sich ist möglicherweise ziemlich neutral. Was wählst du?

» dich nicht in Gedanken darüber verlieren, warum dir das zu Tuende auf die Nerven geht oder langweilig ist, sondern dich dabei auf deine Sinneswahrnehmungen konzentrieren: was deine Finger berühren. Was du siehst. Was du hörst. Nicht bewerten, nicht kommentieren, einfach spüren.

» schauen, ob du in der Tätigkeit einen positiven Sinn entdecken kannst. Ich z.B. lege nicht gerne Wäsche zusammen. Doch wenn ich mich daran erinnere, dass das T-Shirt, das ich gerade falte, meinem Mann gehört und dass ich froh bin, dass wir zusammen sind, verändert sich meine Haltung dazu.

» dir klar machen, dass du zwei Möglichkeiten hast: Entweder du entscheidest dich, damit aufzuhören. Dann hör auf. Oder du entscheidest dich, es zu tun, obwohl es dir nicht gefällt. Dann beende den inneren Widerstand und halte es mit einer bekannten Sportmarke: JUST DO IT!

WENN DU GEREIZT BIST, KÖNNTEST DU

» dich fragen, ob dir die Sache in drei Stunden, drei Wochen, drei Jahren immer noch so viel ausmachen wird,

» nach Möglichkeiten Ausschau halten, dir etwas Luft oder Bewegung zu verschaffen: eine Runde um den Block oder die Treppe rauf und wieder runter zu rennen baut Stresshormone ab. Falls das nicht geht, hilft es auch schon, aufzustehen, dich zu schütteln und das Fenster zu öffnen oder dich einen Moment auf die Toilette zurückzuziehen, die Augen zu schließen und durchzuatmen.

» dir bewusst machen, dass es menschlich ist, sich so zu fühlen,

» Geduld mit dir haben und dich daran erin- nern, dass schwierige Gefühle auch wieder vorbeigehen.

Statt dir deswegen Vorwürfe zu machen, dich zu kritisieren oder zu ärgern,

KÖNNTEST DU

» dich erinnern, dass du es so gut machst, wie es gerade geht – und besser klappt es eben im Moment nicht,

» dir klar machen, dass es Zeit braucht, um lange eingeübte Verhaltensmuster und Sichtweisen zu verändern,

» daran denken, dass es niemandem gelingt, immer das umzusetzen, was er oder sie grundsätzlich als nützlich erkannt hat (auch der Autorin dieses Buches, großen spirituellen Lehrern oder hoch entwickelten tibetischen Lamas nicht).

WENN DIR ZWAR EINFÄLLT, DASS DU ETWAS DAVON TUN KÖNNTEST, DU ABER ABSOLUT KEINE LUST DAZU HAST

Statt in inneren Widerstreit darüber zu geraten, dass du vielleicht solltest, aber nicht willst,

KÖNNTEST DU

» anerkennen, dass es ist, wie es ist. *»Mag grad nicht. Und wenn ich denke, dass ich (achtsam, geduldig, gelassen, vernünftig …) sein sollte, mag ich schon zweimal nicht.«*

» dich selbst wie einen eigenverantwortlichen Erwachsenen behandeln, der jedes Recht hat, eigene Entscheidungen zu treffen,

» dich erinnern, dass morgen auch noch ein Tag ist und du dich in jedem Moment neu ausrichten kannst – so, wie du es möchtest.

DIE NEBEN-SÄCHLICHKEITEN SIND UNSER LEBEN

Wenn nur schon Wochenende wäre ... Ich zähle bloß noch die Wochen bis zum Urlaub ... Wann ist endlich Feierabend ... Kommt dir das bekannt vor?

Wie oft warten wir darauf, dass endlich die ersehnten »Highlights« beginnen – Feierabend, Wochenende, Urlaub, Party, ausgehen, sich mit Freunden treffen, relaxen ... Die restliche Zeit wird eher abgesessen, durchgehalten, »rumgebracht«. Doch wie viel deines Lebens willst du mit Durchhalten verbringen? Ist nicht der größere Teil unserer Tage bestimmt von Dingen, die die meisten von uns als nebensächlich betrachten? Sich anziehen. Die Pausenbrote der Kinder schmieren. In Meetings sitzen. Listen abarbeiten. Einkaufen. Von A nach B kommen. Leben wir da überhaupt?

Und ist es nicht so, dass das, was du so eifrig herbeisehnst, gar nicht so erfüllend ist, wenn es eintrifft? Einerseits, weil auch die einzelnen Momente des Wochenendes oder des Urlaubs zu einem guten Teil aus solchen »banalen« Kleinigkeiten oder Routinetätigkeiten bestehen. Andererseits, weil Fantasie und Realität oft ziemlich auseinanderklaffen.

Das Wochenende, das du dir so schön ausgemalt hast, fällt buchstäblich ins Wasser; die Ferienanlage, die sich in der Beschreibung so idyllisch anhörte, ist von Baustellen umgeben. Und schließlich hören für die meisten von uns innere Unruhe und Unzufriedenheit, das Gefühl von Anspannung oder Stress nicht plötzlich auf, nur weil wir den Ort wechseln oder Sonntag ist.

»Achtsamkeit«, schreibt Jon Kabat-Zinn, »macht uns die Tatsache bewusst, dass unser Leben aus einer Folge von Augenblicken besteht. Wenn wir in vielen dieser Augenblicke nicht völlig gegenwärtig sind, so übersehen wir nicht nur das, was in unserem Leben am wertvollsten ist, sondern wir erkennen auch nicht den Reichtum und die Tiefe unserer Möglichkeiten, zu wachsen und uns zu verändern.«

»SO, WIE WIR UNSERE TAGE
VERBRINGEN, VERBRINGEN WIR –
NATÜRLICH – UNSER LEBEN.«

Annie Dillard

Wenn du den Eindruck hast, dass das Leben an dir vorbeirauscht, könnte das damit zu tun haben, dass du für den Großteil deines Lebens nicht präsent bist.

Das ist beileibe kein Vorwurf. Unsere Gesellschaft, unsere moderne Lebensweise konditioniert uns quasi darauf, nicht präsent zu sein, uns abzulenken, die Aufmerksamkeit ständig auf die Zukunft zu richten und uns immer nach etwas zu sehnen, was wir gerade nicht haben. Indem man Menschen suggeriert, dass sie immer noch etwas Neues, Spannenderes brauchen, um glücklich zu sein, lässt sich schließlich jede Menge Geld verdienen.

Doch Unzufriedenheit, Verlangen nach mehr von dem, was wir für angenehm halten, und Widerstand gegen das, was wir unangenehm finden, sind nicht nur Grundprinzipen des Kapitalismus. Es ist ein Teil der menschlichen Natur, mit der sich unsere Art schon seit Jahrhunderten, ja seit Jahrtausenden herumplagt. Es ist das, was Buddha vor über zweitausend Jahren als einen der zentralen Mechanismen für menschliches Leid beschrieben hat.

GENAU JETZT UND HIER

Von wem und aus welcher Zeit die folgende Geschichte stammt, weiß niemand so recht. Sie hat sich in verschiedenen Versionen verbreitet, doch kann man sich vorstellen, dass sie sich zu allen Zeiten und überall auf der Welt so oder ähnlich hätte zutragen können.

Es kamen einmal ein paar Suchende zu einem alten Weisen. »Herr«, fragten sie, »was tust du, um glücklich und zufrieden zu sein? Wir haben gehört, dein Herz sei immer leicht, und wir wären auch gerne so glücklich wie du.«

Der Alte antwortete mit mildem Lächeln:
»Wenn ich liege, dann liege ich. Wenn ich aufstehe, dann stehe ich auf. Wenn ich gehe, dann gehe ich, und wenn ich esse, dann esse ich.«

Die Fragenden schauten etwas betreten in die Runde. Einer platzte schließlich heraus: »Bitte, treibe keinen Spott mit uns. Was du sagst, tun wir auch. Wir schlafen, essen und gehen. Aber wir sind nicht glücklich. Was also ist dein Geheimnis?«

Es kam die gleiche Antwort: »Wenn ich liege, dann liege ich. Wenn ich aufstehe, dann stehe ich auf. Wenn ich gehe, dann gehe ich, und wenn ich esse, dann esse ich.«

Die Unruhe und den Unmut der Suchenden spürend fügte der Meister nach einer Weile hinzu: »Sicher liegt auch ihr und ihr geht auch und ihr esst. Aber während ihr liegt, denkt ihr schon ans Aufstehen. Während ihr aufsteht, überlegt ihr, wohin ihr geht, und während ihr geht, fragt ihr euch, was ihr essen werdet. So sind eure Gedanken ständig anderswo und nicht da, wo ihr gerade seid. Im Schnittpunkt zwischen Vergangenheit und Zukunft findet das eigentliche Leben statt. Lasst euch auf diesen nicht messbaren Augenblick ganz ein und ihr habt die Chance, wirklich glücklich und zufrieden zu sein.«

Wie kannst du leben im Schnittpunkt zwischen Vergangenheit und Zukunft? Tatsächlich kannst du nirgendwo anders leben. Du kannst zwar beständig mit den Gedanken nach vorne in die Zukunft springen oder zurück in die Vergangenheit, doch sein kannst du immer nur hier.

Achtsamkeit sieht das,
was dir begegnet,
wie es ist.
Nicht wie du es gerne hättest.
Oder so, wie du es befürchtest.
Sondern so, wie es ist.

Wenn wir lernen, tief hinzuschauen und das, was uns da begegnet, wirklich zu sehen, werden wir erkennen, dass die angemessene Antwort auf unser Leben staunende Dankbarkeit ist.

»Lass uns geloben,
uns selbst zu öffnen
für die Fülle des Lebens.
Indem ich frei gebe und nehme,
werde ich für dich sorgen,
für die Bäume und die Sterne,
als Schätze meiner selbst.
Mögen wir dankbar sein,
alle unsere Tage
hier, dort, überall.«

Roshi Wendy Egyoku Nakao
Äbtissin des Zen Centers Los Angeles

Bildnachweis

S. 2 Fotolia/Jenny Sturm; S. 6 Fotolia/chotewang; S. 11 Shutterstock/Evannovostro; S. 36/37 Fotolia/Kar Tr; S. 64/65 www.lotharhennig.de; S. 75 Fotolia/by-studio; S. 87 Fotolia/ Happysunstock; S. 94/95 Fotolia/cristina conti; S. 114 Fotolia/ rcfotostock; S. 126 Shutterstock/ Jane Rix

Quellennachweis

S. 35, 57, 61: Die Zitate von Thich Nhat Hanh sind Vorträgen entnommen, gehalten in Plum Village/Frankreich zwischen 2004 und 2008; S. 74: Christopher Germer, entnommen einem Vortrag gehalten 2013 in Rommerskirchen; S. 79: Astrid Lindgren, aus ihren Tagebüchern vom 31.12.1964; S. 86: »Was getan wurde, ist fertig« aus Ajahn Brahm: *Die Kuh, die weinte. Buddhistische Geschichten über den Weg zum Glück*. Lotos Verlag 2006, Abdruck mit freundlicher Genehmigung; S. 105: Laut dem , stammt dieses Zitat über Reiz und Reaktion nicht von Frankl selbst, wenn es ihm auch oft zugeschrieben wird. Die genaue Herkunft lässt sich nicht mehr ermitteln; S. 107: Viktor Frankl: ... *trotzdem Ja zum Leben sagen*; S. 109: Sylvia Wetzel, aus *Vertrauen: Finden, was mich wirklich trägt*, Scorpio 2015; S. 120: Annie Dilliard, genaue Herkunft ungeklärt. Leider ist es nicht in allen Fällen gelungen, die Fundstelle ausfindig zu machen. Der Verlag bittet ggf. um Nachricht, damit bei einer Nachauflage eine korrekte Quellenangabe erfolgen kann.

JETZT IST DIE BESTE ZEIT
FÜR VERÄNDERUNG